LES

CONTEMPORAINS

REVUE BIOGRAPHIQUE

DES HOMMES DU JOUR,

PAR

Une Société d'Hommes de Lettres Français et Étrangers.

PARIS.

EN VENTE A L'ADMINISTRATION GÉNÉRALE,

Boulevard Montmartre, **46** *bis.*

ET CHEZ LES PRINCIPAUX LIBRAIRES.

—

1845.

LE
MINISTÈRE
DU 29 OCTOBRE
(CINQUIEME ANNIVERSAIRE).

PARIS,
IMPRIMERIE DE PIERRE BAUDOUIN,
Rue des Boucheries-Saint-Germain, 38.

1845.

LE MINISTÈRE

DU 29 OCTOBRE

(CINQUIÈME ANNIVERSAIRE).

Cinq ans se sont écoulés depuis que le ministère actuel a pris la direction des affaires, les espérances que son avénement avait fait concevoir sont aujourd'hui réalisées; d'importants, d'incontestables résultats lui ont donné des titres solides à l'estime et à la reconnaissance du pays. Nous avons pensé qu'il ne serait pas sans intérêt de rappeler ces honorables services, et de jeter un coup d'œil rétrospectif sur les actes de l'administration pendant les cinq années qui viennent de s'écouler.

L'affermissement de l'ordre au dedans et de la paix au dehors, l'ordre rétabli sans violence, la paix assurée sans aucune concession fâcheuse pour notre dignité, tel est le caractère de la politique du **29** octobre. Sous l'influence de cette politique bienfaisante et généreuse, tous les éléments de la prospérité publique se sont rapidement développés, notre situation financière s'est améliorée d'une manière remarquable, nos relations commerciales se sont étendues, notre marine a pris un accroissement en harmonie avec le rang élevé que nous occupons en Europe, une vive impulsion a été donnée aux travaux publics, quelques parties de notre législation ont subi les améliorations les plus heureuses, l'industrie, les arts et les lettres ont pris un brillant essor.

Parmi les hommes d'Etat dont l'intelligent patriotisme et l'énergique volonté ont produit cette situation prospère, nous devons d'abord signaler l'illustre maréchal qui, après avoir longtemps figuré au premier rang parmi nos illustrations militaires, a pris aux affaires publiques une part si active et si honorable à la fois. Comme président du conseil, M. le duc de Dalmatie a prouvé qu'il était homme de tête et de cœur, comme il l'avait prouvé sur les champs de bataille. Certes, après les fatigues et les travaux de sa longue et glorieuse carrière, l'illustre maréchal avait bien acquis le droit de goûter enfin les douceurs du repos. Mais, entraîné par son dévoûment au pays, dans les agitations de la vie politique, il a déployé, dans un âge avancé, l'activité la plus féconde. Le prestige de son nom, la fermeté de son caractère et l'autorité de son expérience, ont donné une éclatante consécration à la politique du cabinet.

Comme ministre de la guerre, M. le maréchal duc de Dalmatie a attaché son nom à des travaux d'une haute importance. Les fortifications de Paris, ces remparts destinés à protéger la capitale contre les menaces de l'invasion étrangère, suffiraient seules pour illustrer son administration. Tout le monde se le rappelle, lorsque le projet de loi sur les fortifications fut soumis à l'examen des chambres, M. le duc de Dalmatie parla, à plusieurs reprises, sur cet important sujet, avec toute la chaleur de son patriotisme; et, depuis, c'est sous sa direction intelligente, que les travaux ont été poursuivis avec tant d'activité.

La situation et l'avenir de l'Algérie ont excité, au plus haut degré, l'attention et la sollicitude de M. le ministre de la guerre. C'est grâce à l'organisation militaire qu'il a su établir dans cette contrée, et à l'excellence de ses choix, que les prodiges de valeur du temps de la république et de l'empire se sont renouvelés sur la terre africaine.

Des projets de lois d'un grand intérêt et d'une haute portée ont été présentés et soutenus par l'illustre maréchal, dans nos chambres législatives. Nous citerons notamment la nouvelle loi sur le recrutement, au perfectionnement de laquelle M. le ministre de la guerre a si puissamment contribué, en apportant dans la discussion toute l'autorité de sa vieille expérience.

Convaincu que l'ordre et la subordination sont la principale force de l'armée, il supporte impatiemment les infractions à la discipline militaire. Malgré cette sévérité qui, du reste, prouve, chez lui, un grand attachement à ses devoirs, M. le ministre de la guerre inspire à nos soldats autant de sympathie que de respect, parce qu'ils aiment la franchise, la loyauté, la justice, et que M. le duc de Dalmatie s'est toujours occupé avec zèle de leur bien-être et de leurs intérêts.

Après avoir jeté un rapide coup d'œil sur ce qui s'est passé, depuis cinq ans, dans l'administration de la guerre, nous croyons devoir consacrer aux actes du ministère des affaires extérieures un examen spécial.

On sait quel caractère fâcheux, quels graves symptômes présentaient nos rapports avec l'étranger avant l'avénement du cabinet du 29 octobre. Une imprudente administration, qui se disait animée de sentiments nationaux et patriotiques, était sur le point d'attirer sur le pays le fléau de la guerre, et menaçait de placer nos finances dans la plus désastreuse situation. Tous les esprits sérieux apercevaient nettement les inconvénients et les dangers de cette politique fanfaronne.

Tel était l'état des choses lorsque le portefeuille des affaires extérieures fut confié à l'honorable M. Guizot. Certes, le nouveau ministre avait beaucoup à faire pour réparer les fautes et faire oublier les imprudences de son prédécesseur; mais, heureusement, M. Guizot unit à une intelligence très élevée, une de ces volontés fortes que ne rebutent point les obstacles. Personne n'a mieux compris que cet homme d'Etat, les vrais intérêts de la France qui, grâce à sa conduite si sage, si digne et si ferme, se trouve définitivement placée dans des conditions de force et d'avenir. M. Guizot a donné une base solide, inébranlable à la politique extérieure, et lui a imprimé un caractère de fixité que l'esprit de parti est désormais impuissant à détruire.

La paix partout ; toujours ! Ces deux mots résument la politique de M. Guizot ; mais un homme de cœur comme lui ne peut vouloir qu'une paix honorable. C'est ce que savent bien tous ceux qui connaissent le caractère de cet homme d'Etat éminent.

Il est une vérité qu'aucun sophisme ne saurait ébranler, c'est que la politique dont nous parlons n'était possible qu'à la condition d'une alliance intime entre la France et l'Angleterre ; c'est de l'accord de ces deux nations que dépendaient la paix et le bonheur de l'Europe et du monde. En faisant prévaloir cette politique, M. Guizot a travaillé dans l'intérêt de la civilisation et de l'humanité.

On sait quelle modération, quelle prudence, et en même temps quelle fermeté M. Guizot a déployée dans l'accomplissement de sa tâche. Le succès a couronné ses efforts, la paix est consolidée, nos rapports avec les puissances étrangères sont plus satisfaisants que jamais, les questions les plus délicates, et notamment les questions relatives à Taïti et au droit de visite, ont reçu une solution aussi conforme à nos véritables intérêts qu'à notre dignité.

Les actes de M. Guizot, comme homme d'Etat, se lient aux plus grands événements de ces dernières années, comme ses triomphes oratoires se rattachent aux plus importantes discussions de la chambre. Comme orateur, M. Guizot n'a peut-être point de rival dans le parlement. Jamais on n'égala, peut-être, cette puissance de raison, cette hauteur de vues, cette parole fière, ardente, incisive, qu'anime toujours une profonde conviction.

Si M. Guizot a des droits incontestables à la reconnaissance de tous les amis de la paix, l'honorable M. Duchatel a des titres éclatants aux sympathies de tous les amis de l'ordre, pour les services qu'il a rendus depuis qu'il fait partie du cabinet du 29 octobre, comme ministre de l'intérieur.

A l'époque où M. Duchatel fut appelé à ces importantes fonctions, les circonstances étaient graves et délicates. Les passions politiques étaient encore en fermentation ; les partis, vaincus à plusieurs reprises, mais non découragés, n'avaient point renoncé encore à leurs projets de bouleversement. A l'occasion du recensement, diverses localités de la France, et notamment quelques villes du midi, devinrent le théâtre de graves désordres et de fâcheuses collisions qui nécessitèrent l'intervention de l'autorité supérieure. On n'a point oublié les preuves d'intelligence et d'énergie données par M. Duchatel, dans les moments difficiles.

Un temps plus calme a succédé à ces jours d'orages. Mais, en homme de bon sens et d'expérience, il a compris que souvent les partis cachaient, sous cette apparente tranquillité, des desseins funestes, et il s'est efforcé, par tous les moyens, de prévenir de nouvelles manifestations.

Mais, tout en exerçant une active surveillance dans

l'intérêt de l'ordre public, M. Duchatel a réalisé des améliorations d'une haute portée, qu'on devait attendre, du reste, d'un homme aussi intelligent, et depuis longtemps préparé à l'exercice du pouvoir par de profondes études en économie politique et en administration. — Les prisons, les établissements de bienfaisance, les maisons affectées aux jeunes détenus et aux aliénés, le service des Enfants-Trouvés, les écoles des sourds-muets et des jeunes aveugles, la police des théâtres, etc., etc., ont été, tour à tour, de la part de l'honorable M. Duchatel, l'objet de remarquables projets de loi et d'importantes mesures. On lui doit la création de la commission des archives départementales et communales. — Il a fait, sur les monuments historiques, un travail d'un haut intérêt, et un autre travail sur les circonscriptions territoriales, qui révèle un administrateur très éclairé. — Les questions relatives au paupérisme et à la charité légale, ces questions si délicates et si controversées, ont excité, au plus haut degré, sa sollicitude; et les avis qu'il a demandés à ce sujet aux conseils généraux prouvent sa déférence et son respect pour les observations de ces assemblées.

M. le comte Duchatel a acquis dans les chambres une influence considérable. Il y a des orateurs qui ont plus d'éclat, mais aucun ne parle la langue des affaires avec plus de précision et de clarté, aucun n'a plus de raison et de lumière. Au reste, le bien immense accompli sous l'administration de M. Du-

chatel est un fait que les esprits même les plus pré-
venus ne peuvent sérieusement contester.

Un fait qu'aucun esprit juste et impartial ne saurait non plus contester, c'est l'heureuse série d'importantes améliorations qu'a subies l'instruction publique pendant les cinq années qui viennent de s'é-
couler. Mais aussi, il faut en convenir, jamais la
direction de l'enseignement n'avait été confiée à des
esprits d'une plus haute portée, à des hommes d'un
plus grand mérite. En donnant à l'honorable M. Villemain une place dans le cabinet du 29 octobre, en
le nommant ministre de l'instruction publique et
grand maître de l'Université, le roi avait prouvé
que ses prédilections étaient d'accord avec les sympathies de l'opinion. On sait quels actes importants,
quelles mesures salutaires ont marqué la trop courte
administration de M. Villemain. En se retirant, il a
emporté les regrets de ses collègues et l'estime de
tous les partis.

Appelé récemment à recueillir sa succession, l'honorable M. de Salvandy a compris toute la grandeur
de la tâche confiée à son zèle et à son intelligence.

Tout le monde connaît les glorieux antécédents
de M. de Salvandy ; comme écrivain, comme publi-
ciste, comme orateur parlementaire, sa réputation
est faite depuis longtemps. Personne n'a lutté avec
plus de talent et de courage dans les rangs du parti
conservateur. M. de Salvandy était donc, pour le
cabinet actuel, une précieuse acquisition et un puis-
sant auxiliaire. Il avait, d'ailleurs, au portefeuille de

l'instruction publique, des droits incontestables.
Chargé de ce portefeuille quelques années aupara-
vant, il avait déployé une intelligence élevée et une
activité féconde. Sa bienveillance, l'aménité de ses
formes, la générosité et la délicatesse de ses procé-
dés envers les hommes de mérite, avaient laissé les
plus agréables souvenirs.

Depuis sa rentrée au ministère de l'instruction publique, M. de Salvandy s'est occupé de travaux d'un
grand intérêt. Tout le monde a applaudi à la création
de facultés nouvelles, destinées à répandre l'enseignement scientifique et littéraire dans des départements qui en avaient été longtemps privés. — La
sympathie témoignée par le ministre aux académies
et sociétés savantes du royaume, et l'intention qu'il
a manifestée de donner de la publicité à leurs travaux, auront pour effet d'exciter une heureuse ému-
lation au sein de ces compagnies. — En instituant
une commission pour rechercher les différentes lois,
les diverses ordonnances concernant l'Université,
M. de Salvandy a eu une excellente idée qui doit être
féconde en résultats. Une inspiration non moins
heureuse, c'est la création d'une commission spéciale chargée de composer un recueil de chants
usuels, moraux, religieux et politiques pour la jeunesse. L'influence de l'art musical sur les progrès
de la civilisation est une vérité qu'acceptent aujourd'hui tous les esprits élevés. M. de Salvandy a
voulu faire passer cette vérité de la théorie à l'appli-
cation.

Les hommes honorables chargés, il y a quelques
années, de recherches relatives à l'histoire de notre
nation, poursuivent leurs études avec activité, en-
couragés qu'ils sont par un ministre qui comprend
l'importance de ces travaux. — M. de Salvandy a
toutes les sympathies des savants et des littérateurs ;
car il n'est indifférent à rien de ce qui est beau, de
ce qui est utile. Ajoutons que jamais ministre n'a
fait un emploi plus judicieux des fonds limités, spé-
cialement affectés à l'encouragement des lettres et
des sciences.

M. de Salvandy a souvent défendu l'Université
avec autant d'énergie que d'éclat contre des attaques
injustes et systématiques. La situation et l'avenir de
tous les membres de ce corps illustre sont constamment l'objet de ses pensées et de sa sollicitude. Enfin, la jeunesse lui a voué une ardente sympathie,
parce qu'il sait lui parler un langage noble et élevé
toutes les fois qu'il se trouve en communication
avec elle. Nous n'en voulons d'autre preuve que l'ac-
cueil qui lui a été fait récemment, lors de la distri-
bution des prix du collége d'Orléans.

La jeunesse aime et admire en lui la générosité
des sentiments, l'éclat du talent littéraire ; les esprits positifs apprécient sa haute capacité adminis-
trative. Le bien immense déjà accompli par M. de
Salvandy fait vivement désirer qu'il conserve
longtemps les fonctions éminentes dont il est in-
vesti.

On doit assurément former le même vœu à l'é-

gard de l'honorable M. Martin (du Nord), si l'on
songe à la direction intelligente et ferme qu'il a im-
primée à l'administration de la justice, et si l'on
jette un coup d'œil sur l'ensemble des améliorations
qu'il a réalisées.

Parmi les mesures importantes dont ce ministre
a pris l'initiative, l'opinion publique a remarqué,
et les organes les plus sérieux de la presse ont signalé avec satisfaction l'appel fait à la cour suprême,
aux cours royales et aux professeurs de droit, en vue
d'une réforme hypothécaire. Cette réforme était
sollicitée par tous les hommes que préoccupent les
imperfections et les lacunes de notre législation, et,
en la provoquant, M. Martin (du Nord) a prouvé
qu'il était toujours prêt à appuyer les innovations
vraiment utiles. Les hommes éminents dont M. le
ministre de la justice a invoqué l'expérience et le
savoir sont maintenant à l'œuvre, et nous avons la
conviction que le travail qui se prépare sera satis-
faisant et complet.

Animé d'excellentes intentions, doué d'une activité remarquable, M. Martin (du Nord) a imprimé
à l'administration qu'il dirige l'impulsion la plus
heureuse. Des questions du plus haut intérêt ont
tour à tour attiré son attention. — L'organisation du
conseil d'Etat et du notariat ont été, de sa part, l'objet d'un consciencieux examen et de méditations sé-
rieuses; et s'il n'y a rien encore de définitif à cet égard,
c'est qu'en des matières si graves et si difficiles,
une solution ne saurait s'improviser. On sait avec

quel talent et quelle habileté M. Martin (du Nord) a présenté et soutenu, dans les chambres, divers projets de lois d'une utilité incontestable. Nous citerons, notamment, le projet de loi relatif à la modification de divers articles du Code d'instruction criminelle ; celui sur l'expropriation forcée pour cause d'utilité publique, le projet relatif aux ventes judiciaires d'immeubles, la loi sur la chasse, dont il a dirigé la discussion avec un si remarquable talent ; enfin un travail sur le noviciat judiciaire, où des idées très justes sont développées en vue d'une bonne administration de la justice , etc. , etc.

Cet exposé serait incomplet si nous ne signalions les rapports au roi sur l'administration de la justice civile et commerciale , et les comptes-rendus, si exacts, si intéressants, si complets, de la justice criminelle.

Comme ministre des cultes, M. Martin (du Nord) a montré une sagesse, une modération et une impartialité auxquelles rendent hommage tous les hommes que n'aveugle pas l'esprit de parti. Il a su être ferme quand la fermeté a été nécessaire, mais sans jamais sortir de la légalité.

Le ministère des travaux publics a acquis dans ces derniers temps, une grande importance. En s'occupant activement de la création de grandes lignes de chemins de fer, en dirigeant l'essor des esprits et le mouvement des capitaux vers les entreprises de ce genre, il a exercé une influence considérable sur le développement des relations commerciales et sur les progrès de la civilisation.

La loi présentée par l'honorable M. Teste, et votée sous son administration, avait jeté les bases de cette grande institution des chemins de fer et préparé à la France de précieux éléments de prospérité. — M. Dumon a complété l'œuvre de son prédécesseur; la pensée conçue par M. Teste a marché, chaque jour, vers une complète réalisation. De l'avénement de M. Dumon au ministère des travaux publics, date, pour le pays, une ère nouvelle. Sous la direction de ce ministre habile, des difficultés que de bons esprits croyaient insurmontables, se sont graduellement aplanies, et la vive impulsion donnée aujourd'hui à l'établissement des voies de communication rapide et économique, prouve que leurs avantages sont de plus en plus appréciés. Dans l'ordre matériel comme dans l'ordre moral, les chemins de fer sont, sans contredit, une des plus belles ou des plus utiles créations de notre siècle. Honneur au ministre qu'anime la généreuse ambition de mener à fin cette œuvre colossale.

Comme le ministère des travaux publics, le ministère du commerce et de l'agriculture est de nature à exercer sur le développement des intérêts matériels une grande influence. L'homme honorable placé à la tête de cette importante administration, M. Cunin-Gridaine a compris toute l'étendue de ses obligations.

Qui ne connaît les utiles et nombreux travaux de M. Cunin-Gridaine, pendant les cinq années qui viennent de s'écouler? qui ne se souvient de la part si active, si remarquable que prit ce ministre à la discussion de la loi relative au travail des enfants dans les manufactures, de cette loi qui restera comme un des plus beaux monuments de la législature moderne? — Qui pourrait sérieusement contester l'expérience et les lumières qu'il a apportées dans la question si difficile et si longtemps controversée des brevets d'invention? Question maintenant résolue. — Qui n'applaudirait à cette utile création des conseils des prudhommes, dont le premier essai dans la capitale a déjà produit de si heureux résultats.

Esprit éminemment pratique, M. Cunin-Gridaine est toujours écouté avec intérêt, dans nos chambres législatives. Personne, en effet, ne parle la langue des affaires avec plus de solidité, de précision et de clarté. — La loi sur les douanes, qu'il présenta en 1841, est une œuvre très remarquable, et l'exposé des motifs qui la précède renferme des observations d'une haute portée. — Dans la discussion relative au traité de commerce entre la France et le gouvernement néerlandais, l'opinion de M. Cunin-Gridaine exerça une influence considérable. — Parmi les travaux qui font le plus d'honneur à M. le ministre du commerce, nous pouvons citer encore les projets de loi qu'il a présentés sur la pêche de la morue et sur la pêche de la baleine, la part active qu'il a prise à la discussion de l'importante question des sucres, etc. — Signalons aussi un excellent rapport sur les modifications apportées au mode de conditionnement des soies, à Lyon, et un autre rapport au roi, sur les opérations des caisses d'épargne du royaume, travail intéressant et complet qui a répandu de nouvelles lumières sur la situation de ces utiles établissements.

Dans l'accomplissement des nombreuses améliorations dont il a doté le pays, M. Cunin-Gridaine a été puissamment secondé par les conseils généraux de l'agriculture, du commerce et des manufactures ; il a souvent provoqué et toujours pris en considération sérieuse les observations de ces assemblées.

Convaincu de l'importance de l'enseignement industriel et commercial, M. Cunin-Gridaine s'est vivement intéressé à la prospérité des établissements destinés à propager cet enseignement. C'est ce que prouvent ses visites fréquentes à l'école spéciale du commerce, dirigée par M. Blanqui, et à l'institution agricole de Grignon. C'est ce que prouvent aussi ses efforts pour doter les départements d'écoles spéciales.

Les intérêts et la prospérité de l'agriculture, cette partie si importante de la richesse nationale, sont une des plus vives préoccupations de M. Cunin-Gridaine. Les discours qu'il a prononcés à ce sujet, dans la société royale et centrale d'agriculture, démontrent qu'il a, sur ce point, des idées arrêtées, un plan d'améliorations utiles et applicables. A cet égard, il ne s'est pas borné à de vaines paroles. L'agriculture est maintenant dans une ère de progrès, et la loi sur les irrigations, qui a été votée récemment, est un pas immense dans la voie des réformes.

Comme le ministère du commerce et de l'agricul·
ture, l'administration de la marine a reçu une impulsion nouvelle sous l'administration de M. de
Mackau.

M. le baron de Mackau avait des titres incontestables pour faire partie du ministère, et nous n'exa-
gérons rien en affirmant que l'administration de la
marine et des colonies ne pouvait être confiée à des
mains plus expérimentées et plus intelligentes. Avant
d'arriver au pouvoir, M. le vice-amiral de Mackau
jouissait d'une belle réputation, fondée sur de nombreux et d'éclatants services, et sa haute position
dans la marine était la récompense des plus honorables travaux. Les juges les plus compétents se plai-
saient à rendre hommage à ses lumières, à son expérience consommée, à la justesse de ses vues, et son
mérite s'était plusieurs fois révélé à la chambre des
pairs, dans des discussions importantes.

C'est seulement en 1843 qu'a eu lieu la nomination de M. le baron de Mackau, au ministère de
la marine et des colonies. Cette nomination fit naître
de belles espérances ; hâtons-nous de dire qu'elles
se sont promptement réalisées. — On n'a point oublié les importants travaux qui marquèrent le début
de son administration. Son rapport au roi, sur la
situation financière du département de la marine et
des colonies, révéla un esprit intelligent et labo-
rieux, que ne rebutait aucun détail, et qui avait la
ferme volonté de faire le bien et d'être à la hauteur
des fonctions qui lui étaient confiées. Sa circulaire

contenant des instructions sur divers points relatifs aux bâtiments armés et désarmés et prescrivant des dispositions d'ordre à introduire dans le service du personnel et du matériel de la flotte, prouva qu'il avait profondément étudié tout ce qui se rattache à l'administration de la marine. Une autre circulaire sur la proposition de nombreuses questions à résoudre, relativement à la navigation à vapeur, donna la mesure de sa vive sollicitude et de ses efforts pour le développement rapide d'un des plus puissants éléments de la prospérité nationale. — Nous devons constater aussi, comme un des actes les plus remarquables de l'administration de M. de Mackau, la nomination d'une commission supérieure chargée de l'examen des questions relatives à la construction, à l'organisation et à l'armement des bâtiments à vapeur. — Tous les documents, tous les actes que nous venons de rappeler ont été le signal des plus importantes réformes.

On peut voir, d'après ces rapides indications que, dès son entrée au ministère, M. de Mackau réussit à donner à l'administration de la marine une nouvelle organisation. Depuis, il a travaillé sans cesse à compléter l'œuvre qu'il avait si bien commencée ; d'heureux résultats témoignent de ses efforts. La navigation à vapeur a acquis, chez nous, depuis quelque temps, des développements rapides, et le jour n'est peut être pas éloigné où nous pourrons rivaliser avec les peuples les plus avancés sous ce rapport. — Notre marine, quoique inférieure, à certains égards, à celle de l'Angleterre et des Etats-Unis, est incontestablement dans une voie de progrès, ainsi que le prouvent des documents positifs. — Quant aux promotions qui ont eu lieu dans la marine royale, elles attestent au plus haut degré, l'esprit de justice et d'impartialité qui distingue M. de Mackau. Les services rendus au pays sont, à ses yeux, la recommandation la plus puissante.

Comme ministre des colonies, M. le baron de Mackau a signalé son administration par des mesures d'une haute importance ; nous citerons notamment celle qui a pour objet de faire cesser graduellement l'esclavage dans nos colonies, en offrant aux esclaves la faculté de se racheter et de s'affranchir. En adoptant une mesure de ce genre, non seulement M. de Mackau a fait acte de philanthropie et de dévoûment à l'humanité, mais encore il a agi dans l'intérêt bien entendu de nos possessions coloniales.

Cet esprit éminemment pratique, cette justesse de vues, cette profondeur de connaissances, toutes les qualités solides que M. de Mackau déploie dans sa spécialité, M. Lacave Laplagne les a révélées à un degré éminent dans l'administration des finances. — La réputation de M. Lacave-Laplagne, comme administrateur, est faite depuis longtemps, et cette haute réputation est fondée sur des services réels. Dans les finances plus que dans toute autre branche de l'administration, il faut un esprit sage et mesuré, juste appréciateur des intérêts du gouvernement et du pays, et qui, sans se laisser séduire par d'aventureuses théories, tienne compte surtout des avertissements de l'expérience. Or, M. Lacave-Laplagne est une de ces précieuses organisations.

Notre tâche serait longue et difficile, si nous entreprenions de caractériser ici, même d'une manière rapide, les divers projets présentés aux chambres par M. Lacave-Laplagne depuis son entrée au ministère actuel, et les nombreuses discussions financières auxquelles il a pris une part active. Nous nous bornerons à citer les principales, telles que la loi sur les sucres, la loi sur les patentes, le projet sur la conversion des rentes, le projet relatif au régime forestier des bois des communes et des établissements publics, le projet sur les gardes forestiers, la loi sur la refonte des monnaies de cuivre, la proposition de MM. Mauguin, Lassalle et Tesnières, relative aux boissons, etc., etc. Tout le monde se souvient de ces importantes discussions qui ont été soutenues par M. le ministre des finances, avec une lucidité et un talent remarquables, et dont la plupart ont produit d'utiles résultats.

L'ordre et la régularité introduits par M. Lacave-Laplagne dans l'administration des finances peuvent servir de modèle à toutes les autres administrations. Les améliorations dont le temps et l'expérience ont constaté la nécessité ont été graduellement accomplies. Il en est d'autres qui sont depuis longtemps réclamées et dont M. le ministre des finances désire lui-même la réalisation. Mais un esprit aussi sage et aussi juste que le sien ne saurait rien faire précipitamment et à la légère. L'expérience enseigne, en effet, que les innovations les plus utiles en apparence sont dangereuses en réalité quand elles ont pour effet de priver l'administration d'une partie des ressources qui lui sont nécessaires.

Nous venons d'exposer sommairement les principaux actes du ministère du 29 octobre; nous les avons exposés sans réflexions, sans commentaires, persuadés que les faits parlent assez haut. La meilleure preuve de la force de l'homogénéité de cette administration, et de la valeur personnelle des hommes qui la composent, c'est sa durée, c'est sa longue existence au milieu des attaques et des intrigues, sans cesse renaissantes, d'une opposition active et acharnée. Depuis cinq ans, les actes du ministère ont constamment obtenu l'approbation des chambres, les suffrages du pays, la sanction de la royauté. Un fait aussi éclatant, aussi significatif, aussi soutenu, devait révéler enfin aux ennemis du pouvoir l'impuissance de leurs tentatives.

Dans la session qui va s'ouvrir, le ministère aura encore, nous en avons la certitude, l'adhésion franche et sincère de tous les conservateurs intelligents, qui forment l'immense majorité dans les chambres et dans la nation. Fort de cet appui, il pourra doter la France d'améliorations nouvelles, et continuer l'œuvre qu'il a si bien commencée.

Ce travail était déjà sous presse, lorsqu'une im-

portante modification a eu lieu dans le ministère.
Après une carrière marquée par de nombreux et
glorieux travaux, M. le maréchal duc de Dalmatie
avait bien le droit de se reposer de ses longues fatigues et de s'occuper, enfin, du rétablissement de sa
santé. Ce n'est qu'après avoir accompli jusqu'au bout
son œuvre de dévoûment, que l'illustre maréchal a
abandonné le portefeuille de la guerre ; il conserve,
au surplus, la présidence du conseil. Le roi n'a ac-
cepté sa démission qu'avec de vifs regrets, auxquels
s'est associée la France entière.

Pour recueillir l'héritage de M. le duc de Dalmatie, il fallait un homme également distingué par ses
antécédents militaires et par sa capacité administra-
tive, un homme qui eût acquis, par ses services, une
grande considération dans l'armée, et qui pût, par
son expérience et ses lumières, avoir de l'influence
dans le conseil et dans les chambres. Le lieutenant
général Moline de Saint-Yon possède, au plus haut
degré, ces qualités diverses ; on ne saurait sérieusement le contester.

Les actes de la vie militaire de M. Moline de
Saint-Yon sont connus de tous. — Tout le monde
sait quel rôle honorable et brillant il a joué dans les
guerres de l'empire. Pendant cette glorieuse période,
il gagna tous ses grades sur le champ de bataille, et
fut particulièrement honoré de l'estime et de la con-
fiance de Napoléon qui, à son retour de l'île d'Elbe,
le nomma un de ses officiers d'ordonnance. — Mis en
non activité sous la restauration, M. Moline de Saint-

Yon a donné, depuis 1830, de nouvelles preuves
de dévoûment au pays, notamment, lorsqu'au mois
de juillet 1834, il fut envoyé au quartier général de
l'armée espagnole, alors sous les ordres de Chodil,
pour suivre les opérations de la campagne contre
Don Carlos.

Comme administrateur, le lieutenant général Moline de Saint-Yon a déployé une supériorité à laquelle la presse de toutes les nuances s'est plu
dernièrement à rendre hommage. Appelé, en 1842,
au ministère de la guerre, en qualité de directeur
du personnel, il a donné promptement, dans l'exercice de ses fonctions, la mesure de sa haute capacité.
— Ajoutons que M. Moline de Saint-Yon est un
homme d'esprit et de talent qui ne saurait manquer
de prendre bientôt une place très honorable parmi
nos orateurs parlementaires. — Le ministère et la
chambre des pairs ont fait à la fois une belle et précieuse acquisition.

9 782014 061543